Gewidmet allen, die gerade im Dunkeln sitzen

- und ebenso allen, die sie verstehen wollen.

Ruth Heil

Bestell-Nr. RKW 782

Reinhard Kawohl 46485 Wesel
Verlag für Jugend und Gemeinde

Titelfoto: Foto-CD
Innenbilder: S. Karg (28/29), M. Migos (44/45), K. Nordmann (16/17), A. Pohl SCJ (30/31, 40/41), Project Photos/ R. Eisele (12/13, 18/19, 26/27, 32/33, 46/47), V. Rauch (48/49), A. Will (22/23, 24/25), H. Wolf/ Kollage S. Kahl (42/43), alle weiteren Bilder Foto-CD

Gestaltung und Zusammenstellung: RKW
Druck und Bindung: PROOST, Belgien

ISBN 978-3-88087-782-5

Ruth Heil

Und doch ist da ein Sonnenstrahl

kawohl

Vorwort

Wir sind nicht nur Leib. Wir sind auch Seele und Geist. Unser Leib spürt Schmerzen, unsere Seele auch. Beide sind eng miteinander verknüpft. Wenn eines von ihnen leidet, wird das andere miteinbezogen. Wer längere Zeit mit körperlichen Schmerzen leben muss, dessen Seele wird dünnhäutig und angreifbar. Er reagiert mit nervösen Zuständen, Aggression – oder Depression. Während der Aggressive seine Anspannung durch verletzende Äußerungen abreagiert, richtet der Depressive seinen Schmerz nach innen. Wenn es zu keiner Entspannung kommt, kann auch der Depressive aggressiv und verletzend werden.

Wer mit ständigen psychischen Verletzungen konfrontiert wird, zeigt früher oder später auch körperliche Beschwerden, meist an den Schwachstellen, die ohnehin da sind. Körper und Seele gehören zusammen und reagieren aufeinander.

Aber da ist auch noch der Geist. Er ist der Teil in uns, der auf die Ewigkeit hin angelegt ist. Der Bereich, der unvergänglich ist. Dieser Geist macht uns fähig, mit Gott Kontakt aufzunehmen. Leib, Seele und Geist sind von Gott geschaffen. Es ist Gottes Sehnsucht, mit dem Menschen ins Gespräch zu kommen. Besonders Krisenzeiten wecken in uns häufig das Bedürfnis, Gott zu begegnen. Deshalb sind Krisen Chancen neuer Gottesbegegnung.

Leider scheint Gott uns im Leid oft fern. Die Not vermittelt dieses Gefühl der Gottesferne, da Depression blind und taub macht für Ermutigung und für Schönes. Gott ist dennoch da! Ich wünsche Ihnen, dass Sie trotz aller Zweifel daran festhalten können.

Dieses Sprechen mit Gott erfüllt nicht alle unsere körperlichen und seelischen Bedürfnisse. Wir brauchen immer noch Speise und Wasser, um unseren Körper zu ernähren, Bewegung, um ihn fit zu halten. Und auch unsere Seele hat eine innere Haut, die wir nicht dauernd verletzen lassen dürfen. Wir müssen die inneren Grenzen kennen lernen und akzeptieren. Und die Seele braucht Nahrung in Form von Zuwendung, Anschauen von Schönem, Hören von Musik.

Bei Verletzungen der Seele dürfen und sollen wir uns genau so nach Heilung umschauen wie wenn unser Körper krank ist oder Schaden erlitten hat. Da Leib und Seele Geschenk vom Schöpfer sind, müssen wir sie gut versorgen und auf sie achten. Immerhin will Gottes Geist in diesem Gefäß wohnen.

Aber nicht nur Gott will in uns wohnen, auch die Finsternis hat Interesse an uns. Satan benutzt bevorzugt die Bereiche von Leib und Seele, um unser Vertrauen in Gott zu erschüttern. Er verursacht Verletzungen und Schmerz durch andere Menschen, und er veranlasst Sorge, dass wir uns selbst nicht wertschätzen, sondern klein machen.

Mein Gebet ist, dass Gott uns durch seinen Heiligen Geist immer wieder in die richtige Richtung leitet. Dass wir Gottes liebevolle Stimme kennen lernen und nicht den zerstörerischen Gedanken Raum geben. Und dass wir mit neuer Orientierung aus einer Depression herauskommen.

Wer gereift ist, kann anderen zur Reife helfen. Wer gelitten hat, kann andere verstehen. Wer Gott neu erlebt, schätzt sich wieder selbst, weil er sich von Gott geliebt weiß. Wer mit Gott lebt, lernt die Grenzen kennen, die Gott ihm zum Schutz gegeben hat und entdeckt neue Wege zur Entfaltung.

Ihnen und mir wünsche ich immer neu geöffnete Augen für Gottes Wirklichkeit! Und ebenso die Entscheidung, auf die richtige Stimme zu hören!

Ruth Heil

Am Anfang ist das Verdrängen

Da hilft gar nichts.
Ich kann mich jetzt nicht hängen lassen!

Ein Freund hat angerufen.
Er braucht dringend Hilfe.
Als ich ihn brauchte, war er auch für mich da.
Nein, ich will niemanden enttäuschen.
Was würden die anderen von mir denken?

Ich spüre, wie alles in mir ‚nein' schreit,
weil ich einfach keine Kraft habe.

Doch Durchhalten ist alles.
Ganz mechanisch mache ich weiter, immer weiter...

Ich muss nur wieder auf genügend Schlaf achten,
mir mehr Auszeiten gönnen!

Ich darf mich nicht gehen lassen!

Nur bei dir, Herr, darf ich mich fallen lassen.
Vor dir brauche ich keine Maske aufzusetzen.
Du hetzt mich nicht.

Für Momente kann ich aufatmen.

Auf der Suche nach Ursachen

Zugegeben, zu oft habe ich mich übernommen.
Vielleicht bin ich einfach übermüdet.

Dinge fallen mir aus der Hand.
Vergessen verfolgt mich auf Schritt und Tritt.
Ich laufe in den Keller und komme mit leeren Händen zurück.

Meine Seele kommt zu kurz.
Sie hat keine Gelegenheit, sich bei mir bemerkbar zu machen.
Ich spüre, dass ich zu wenig Zeit zum Nachdenken habe.

Innerlich bin ich immer unter Spannung.
Was auch immer ich beginne,
ich bringe es kaum zu Ende.

Meine Gedanken sind so durcheinander.

Wo ist der Ausstieg aus diesem Kreislauf?
Ich finde ihn nicht.

Oft packt mich die Angst vor dem neuen Tag.
Und auch am Abend finde ich nicht zur Ruhe.

Herr, halte mich jetzt fest,
denn in mir wächst die Verzweiflung!

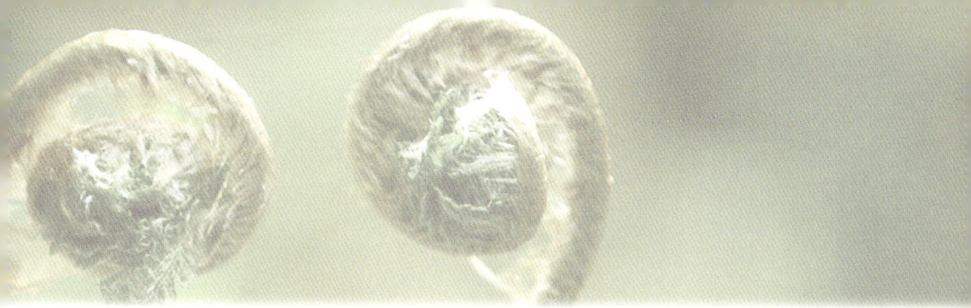

Isoliert vom Leben

‚Warum rufst du mich nicht mehr an?'
will meine Mutter wissen.
Ich kann es ihr nicht erklären.
Sie fühlt sich vernachlässigt.

‚Du kommst gar nicht mehr zu unseren Abenden!',
sagen die Freunde vorwurfsvoll.

‚Warum bist du so schweigsam?', will mein Ehepartner wissen.

Warum, warum?
Warum merken die anderen nicht, wie sehr ich sie brauche!
Nein, nicht ihre Geselligkeit.

Nur das Gefühl, dass sie mich jetzt nicht im Stich lassen.
Dass sie mich mögen, auch wenn ich nicht komme.

Dass sie mich lieben,
auch wenn ich nicht bin wie ich sonst immer bin.

Bin ich nur geliebt, wenn ich funktioniere?
Bin ich nur wertvoll,
wenn ich leiste, was von mir erwartet wird?

Ich fühle mich ausgeschlossen und allein gelassen.

Herr, verlass du mich jetzt nicht!
Du hast gesagt, dass du bei den Einsamen bist.

Gott, wo bist du?

Ja, früher, da habe ich mich beim Beten verstanden gefühlt.
Wenn ich Probleme hatte oder Sorgen,
da betete ich und Gott half auch.

Irgendwie wusste ich tief drinnen: Gott hört mich!

Mit Gelassenheit habe ich das Vaterunser gebetet.
Aber heute fürchte ich mich davor.
Wenn ich bete: ‚Dein Wille geschehe',
packt mich die Angst.
Lässt er mich dann vielleicht noch länger in dieser Pein!?

Zugegeben, ich habe mich nicht so viel mit ihm beschäftigt,
als es mir gut ging.
Lässt er mich spüren, dass ich ihn vernachlässigt habe?
Leide ich jetzt, weil er mich damit bestrafen will?
Oder ist er ein Gott, der nur da ist, wenn es mir gut geht?

Mein Gebet scheint nur bis zur Decke zu gehen.

Ich brauche dich, Herr! Hörst du mich?

Wenn du da bist, verlass mich nicht!

358

Gefangen in der Depression

Ich bin krank.
Krank? Ich bin total fertig!

Waren es die Kopfschmerzen,
die mich am Aufstehen hindern wollten?
Oder das Gefühl der Sinnlosigkeit in allem?

Ich spüre keine Kraft zum Weiterleben.
Mit viel Anstrengung kleidete ich mich schließlich an,
versuchte die Spülmaschine auszuräumen.
Aber die Hände wollten mir nicht gehorchen.
Es war, als hätte sie jemand gefesselt.

Ich begann zu weinen.

Nein, ich schaffe es nicht einmal,
das Geschirr in den Schrank zu räumen.
Es ist wie ein Berg, den ich ersteigen soll.

Ich finde keine Kraft zum Gebet.
Aber in mir beten Psalmworte,
die ich irgendwann einmal lernte:
‚Wie der Hirsch schreit nach frischem Wasser,
so schreit meine Seele, Gott zu dir.'

Gott, verstehst du mich auch ohne Worte?

Kraftlos

Arztbesuch

Endlich hat meine Verzweiflung einen Namen!

Depression!

Immerhin bin ich jetzt anerkannt krank, kein Drückeberger.
Aber wer möchte gern psychisch krank sein?

Für die Diagnose Krebs bekommt man Zuwendung,
aber für Depression?

Der Hausarzt hat mir Medikamente verschrieben.
Ich frage mich aber,
wie Tabletten mir meine Verzweiflung nehmen können.

Es macht mir Angst, was dann aus mir werden wird.
Er hat mir auch eine Therapie empfohlen.
Und das macht mir fast noch mehr Angst.

Einem fremden Menschen meine innersten Gefühle anvertrauen?
Die ganze Vergangenheit noch einmal hoch holen?
Will ich das? Der vorhandene Schmerz reicht mir!

Ich bin verunsichert und voller Panik.

Herr, ich habe Angst davor,
mich einem fremden Menschen zu öffnen.

Und ich habe Angst vor Veränderung.
Bitte, geh du mit mir!

Diagnose

Ich bin nicht mehr ich

Warum bin ich noch da?
Bin ich nicht nur eine Last für die anderen?
Was bleibt von mir übrig, wenn ich nicht arbeiten kann?
Ich fühle mich wie ausgeschüttetes Wasser, das verdunstet.
Es hinterlässt keine Spuren.

In nichts finde ich mehr einen Sinn.
Meine Gedanken peinigen mich Tag und Nacht.
Sie lauern mir an jeder Ecke auf
und vereinnahmen mich.
Pfeile schießen sie auf mich!
Ich bin nur noch damit beschäftigt, sie abzuwehren.

Das Leben ist mir so schwer.
Ich möchte nicht weiterkämpfen.

Meine Feinde sind mir zu mächtig.

Eigentlich will ich aufgeben.
Ich kann nicht mehr.
Ich will nicht mehr.

Wie ein David fühle ich mich gegen einen Goliath.

Herr, ich kann nicht einmal mit einer Schleuder umgehen.

Herr, ich schaffe es nicht mehr, dieses Leben!

Am Geburtstagsmorgen

Wie habe ich mich als Kind darauf gefreut!
Doch heute, warum sollte ich feiern?
Was für einen Sinn macht dieses vergangene Jahr
mit all seiner Schwere und Lichtlosigkeit?

Die vielen Leute, die gratulieren werden,
machen mir jetzt schon Angst.

Allerdings werde ich auch enttäuscht sein,
wenn sich niemand melden wird.
Dann würde ich mich abgeschoben und vergessen fühlen.

Doch wenn sie anrufen, weiß ich schon,
wie die Gespräche laufen werden!
Sie fragen kurz: ‚Wie geht's dir so?',
und erzählen dann doch nur ihre eigenen Probleme.
Wenn ich versuche, von mir zu berichten, winken sie ab.
‚Das wird schon wieder!', werden sie sagen.

Ich ertrage ihre Oberflächlichkeit nicht.

Vielleicht würde es auch mir helfen, oberflächlicher zu sein.
Aber wie geht das genau?

Du hast mich sensibel veranlagt, Gott.
Hilf mir, dass ich an diesem Geschenk nicht zerbreche,
sondern wachse.

Medikamente

Ich nehme jetzt regelmäßig die verordnete Medizin.
Sie kommt mir vor wie ein Krückstock, zu dem ich greife,
um wenigstens ein paar Schritte zu schaffen.
Sie ermöglicht zwar das Gehen,
aber gleichzeitig lähmt sie mich.

Ich fühle mich wie ein Behinderter,
verlangsamt, nicht einmal fähig,
die Gesichtsmuskeln zu einem Lächeln zu bewegen.

Menschen weiche ich aus und fliehe vor Gesprächen.

Doch ich sehne mich nach einem Menschen,
der einfach bei mir sitzt,
mit mir schweigt und mit mir leidet.

Ich muss die Medikamente nehmen, um zu überleben.
Aber ich vegetiere mehr dahin, denn dass ich lebe.

Irgendwo ist trotzdem eine schwache Hoffnung im Keimen.

Herr, ich erahne,
dass auch diese schwere Zeit vorübergehen wird.

Meiner Seele halte ich vor,
dass du auch jetzt da bist im dunklen Tal.

So, wie ich es oft gesprochen habe mit Psalm 23.

Psalm 103 für Verzweifelte

Lobe den Herrn, meine Seele!

Warum sollte sie. Und für was?

Und was in mir ist seinen heiligen Namen!

Was in mir ist? Da ist nur Dunkelheit und Angst!

Lobe den Herrn, meine Seele!

Meine Seele? Sie soll loben? Kann ich sie dazu bringen?
Ich spüre, das ist eine Entscheidung.

Und vergiss nicht, was ER dir Gutes getan hat.

Gutes getan? Jetzt merke ich es nicht.
Aber es gab schon mal Gutes.
Dafür zu danken kann ich probieren:
Danke, Herr, dass diese Krankheit mich nie zuvor überfallen hat!

Der dir alle deine Sünden vergibt.

ER vergibt mir alle Sünden! Dazu gehören auch alle,
die ich mir selbst nicht vergeben habe! Unfassbar!

Und heilet alle deine Gebrechen.

Auch eine Depression ist nicht zu schwer für ihn?
Ich sage zu meiner Seele:
Auch meine Gebrechen kann er heilen.

Ich will es glauben, gegen alle Zweifel.

Erste Erfolge!

Heute morgen habe ich einen Vogel zwitschern gehört!

Hat er zum ersten Mal in diesem Jahr gesungen?
Sicher nicht. Aber heute habe ich ihn wahrgenommen.

Langsam nehme ich auch die Sprache meiner Seele wahr.
Sie wollte schon lange reden.
Ich gab ihr keine Chance.

Es war mir zu anstrengend, ihr zuzuhören.

Ich dachte, sie wird das Alte vergessen,
wenn ich versuche, es zu vergessen.
Aber sie hat alles gespeichert, akribisch genau.

Nun habe ich zugelassen, dass es ans Licht kam.

Zuerst war es furchtbar, das Alte nochmals anzuschauen:
Verletzungen, Entbehrungen, Verzweiflung, Angst.

Doch jetzt spüre ich, dass es immer mehr an Kraft verliert.
Es ist entdeckt. Ich ordne manches neu zu,
lerne, damit umzugehen, beginne aufzuatmen,
spüre wieder ein bisschen Leben in mir.

Gott sei Dank! Ja, Herr, ich danke dir!
Du hast mir geholfen. Es geht wieder aufwärts.

Aufatmen

Es war falsch, die Medikamente gleich abzusetzen

Ich dachte, es sei alles vorbei.
In meiner Freude setzte ich die Tabletten einfach ab.
Nun war ich wieder beim Arzt.

‚Nehmen Sie Ihrer gebrochenen Seele
nicht gleich den Krückstock weg',
erklärte er mir.
‚Der Gips kann wohl weg.
Aber das Bein muss wieder laufen lernen.
Muskeln müssen sich entwickeln.'

Ich war enttäuscht. Ich hatte mich so gefreut.

‚Sie müssen mit dieser Krankheit leben lernen!', sagte er.
Eigentlich will ich ohne Krankheit leben!

Der Arzt machte mir nochmals Mut,
einen Therapeuten aufzusuchen.
Eigentlich will ich das gar nicht.

Eine neue Lektion in Geduld ist fällig.

Ich spüre es, aber es schmeckt mir nicht.
Geduld klingt nach ‚langsam', nach ‚warten', nach ‚aushalten'.

Herr, du weißt, dass Geduld noch nie meine Stärke war.
Bitte hilf mir, an dieser Geduldsprobe nicht zu verzweifeln.

In der Therapie

Ich merke, dass ich es allein nicht schaffe.
Endlich habe ich mich aufgerafft für eine Therapie.
Aber nun spüre ich, wie anstrengend das ist.

Jede weitere Sitzung ist Pein.
Gefühle stehen auf, werden lebendig.

Ja, ich bin noch sehr lebendig,
auch wenn die Krankheit mich lähmt.

Diese Gefühle gebärden sich wie Riesen,
die sich vor mir auftürmen.
Uns bezwingst du nicht, scheinen sie zu sagen.
Ich empfinde keine Kraft, ihnen in die Augen zu schauen.
Sie sind wie alte Feinde,
die sich mit den neuen Angreifern verbünden.

Trotzdem spüre ich, dass ich mich ihnen stellen muss.
Sie geben nicht auf, wenn ich mich zurückziehe.
Nein, sie werden um so aggressiver.

Woher nur Kraft nehmen zum Kämpfen?

Herr, ich kann nicht kämpfen, du weißt es.
Kämpfe du für mich.
Beschütze mich, denn mir ist angst!

Ein Traum

Ich irre durch ein Haus, das ich noch nie gesehen habe.
Die vielen Gänge und Türen verwirren mich.
Ich suche nach dem Ausgang.

Über Treppenstufen steige ich nach unten.
Irgendwo muss es doch nach draußen gehen!

Da geht auch noch das Licht aus!

Die lärmenden Stimmen von Menschen verstummen.
Schauerliche Stille macht sich breit.
Ich taste mich weiter, weiß nicht, wo ich bin.

Alles um mich ist dunkel.

Ich stehe wie versteinert, lausche ins Dunkel und spüre:
Es gibt keinen Ausgang für mich.
Ich bin gefangen in diesem Haus mit meiner Angst.

Herr, hast du das auch durchgemacht
am Abend vor deiner Kreuzigung,
als du, gegeißelt von vielen Peitschenhieben,
allein im Kerker warst?

Herr, dann weißt du, wie ich leide.

ISOLA
REGI
STURIALE
MODESTI
PANICACCI

22

Ärger angesagt!

Jede Therapiestunde öffnet die Tür zu alten Verletzungen.
Sie bringen einen Geschmack von Bitterkeit auf meine Zunge.

Da steigt Zorn in mir auf über Verlust,
über Ungerechtigkeit, Gemeinheiten und Verletzungen,
die mir gesagt und angetan wurden.

Und da ist sie wieder:
diese Enttäuschung über den geliebten Menschen,
der mich fallen ließ und im Stich gelassen hat.

Während ich darüber spreche
treibt es mir die Tränen in die Augen.
Ich will nicht weinen vor einem fremden Menschen.
Doch er ermutigt mich dazu.
Lange habe ich nicht mehr weinen können.
Auf eigenartige Weise tut es mir gut.

Ob die Seele bereit wird, ihren Schmerz loszulassen?
Ich spüre, wie mein innerer Druck dabei nachlässt.

Herr, du hast mich geschaffen. Du kennst mich am besten.
Danke, dass du mich verstehen kannst.

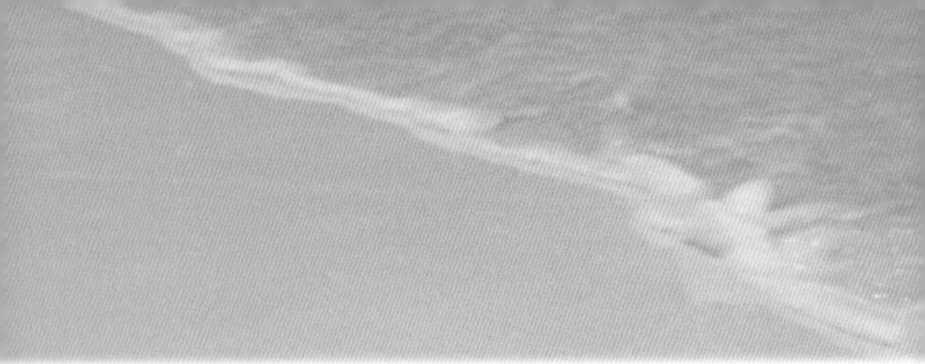

Womit ich mich beschäftige, das wird mich beschäftigen

Mir ist klar geworden, dass ich über lange Zeit
meine Seele nicht zu Wort kommen ließ.
Jetzt serviert sie mir alle verdrängten Gedanken.

Ich muss mich ihnen stellen.
Was in der Tiefe sitzt, muss ans Licht.

Aber ich brauche nicht willenlos dem zuhören,
was meine Gedanken mir diktieren.

Sie gebärden sich fürsorglich, aber lähmen mich auch.

Den letzten Hoffnungsstrahl wollen sie auslöschen
und lassen mich in Selbstmitleid versinken.

Ich will meine Seele ernst nehmen.
Ja, ich werde mit ihr neu sortieren und abwägen.
Aber ich werde ihr nicht mehr die Führung überlassen.

Herr, komm du in die Mitte meiner Gedanken.
Lehre mich, Zerstörerisches zu erkennen
und mich dagegen zu wehren.

Gib mir Kraft, das zu verändern, was nötig ist,
damit meine Seele sich wieder
in meinem Körper wohl fühlt.

Ein Selbstgespräch

‚Du hast wieder versagt', flüstert mir mein Inneres zu.
Und ich sinke zusammen.

Ja, es stimmt! Ich kann nur mit dem Kopf nicken.

Doch da kommt eine andere Stimme in mir hoch,
liebevoll, verstehend:

‚Und trotzdem bist du wertvoll!'

Ich versuche hinzuhören, denn der Klang ist eher leise:

‚Du bist kostbar, weil ich dich erschaffen habe.
Du brauchst nicht fehlerlos zu sein,
um von mir geliebt zu werden!'

Ich spüre es, da spricht ein anderer zu mir,
als das Negativbild, das mir meine Seele
immer wieder vorhält.

Da schaut mich einer liebevoll an,
nicht auf mein Versagen hin,
sondern indem er mir die Hand hinhält
zu meiner Rettung.

Und ich kann nur stammeln:

Herr, danke, ich hab dich nicht verdient,
danke für solche Liebe!

Du bist wertvoll

Rückschlag

Ja, vor zwei Wochen habe ich den Vogel singen gehört.

Aber schon heute ist er wieder verloren gegangen
in meiner Nacht.

Ich höre die Nachtvögel mit ihrem schauerlichen Geheul,
während alte Verletzungen wieder aufsteigen,
als wären sie gerade entstanden.

Ich dachte, es sei vorbei, endgültig.
Ich könnte aufatmen!

Aber da ist sie wieder, sie, die Depression!

Das ist kein Ding. Das ist eine Macht, die mich besitzt.
Ich wehre mich mit Händen und Füßen gegen sie,
aber ich bin ihr nicht gewachsen.

Sie umfängt mich wie mit einem Netz, fesselt mich neu,
zwingt meine Gedanken in eine Richtung, die ich nicht will.

Herr, ich bin müde.
Resignation breitet sich in mir aus.
Wird das immer so weitergehen?

Herr, ich kann nicht mehr.
Lass mich jetzt nicht im Stich!

Liebe dich selbst?!

Früher ließ ich kaum zu, dass ich Ärger äußerte.

Ich versuchte, mich zurückzunehmen,
wenn mich jemand verletzte.

Immer suchte ich die Schuld bei mir.
Deshalb spürten die anderen oft gar nicht,
wenn sie mich verletzten.

Reagierte ich dann doch, war meine Umgebung irritiert.
Wieder fühlte ich mich schuldig.

Ich dachte im Du und vernachlässigte das Ich.

Das ‚den Nächsten lieben wie dich selbst', praktizierte ich,
ohne über das ‚wie dich selbst' nachzudenken.

Meiner Seele räumte ich nicht ein, sich wehren zu dürfen.
Irgendwann hörte sie auf, mit mir zu sprechen.

Ich habe sie in den Keller eingesperrt.
Jetzt sitze ich mit ihr genau dort
und höre ihren gesammelten Klageliedern zu.

Aber ich höre dazwischen leise Gottes Stimme:
‚Du hast vergessen, wie wertvoll du mir bist,
nicht nur die anderen sind wertvoll, sondern auch du.'

Liebe dich selbst

Heilung braucht Zeit

Und wer hat schon Zeit?

Je mehr ich auf Erleichterung und Heilung warte,
um so länger scheint sich die Zeit hinzuziehen.

Jeder Tag ist wie eine Bergtour.
Und er kostet unendlich viel Kraft.

Ich hatte so sehr gehofft, dass alles schneller ginge.

Manchmal spürte ich Erleichterung.
Aber die nächste Therapiestunde riss neue Wunden auf!

Wie viele alte Wunden werde ich wohl noch entdecken?

‚Sie müssen den Eiter herauslaufen lassen',
meinte der Therapeut,
‚sonst wird er als Entzündungsherd im Körper bleiben.'
Ich lasse es zu. Aber es schmerzt so furchtbar.
Ich will diese alten Erinnerungen nicht!
Muss ich den Schmerz wirklich nochmal fühlen,
um heil werden zu können?

Vieles habe ich zugedeckt, mit Pflaster versehen.

Herr, lass mich beim Öffnen nicht sterben,
sondern heil werden!

Die Liebe hielt ihn fest!

Als der Sohn Gottes am Kreuz hing,
litt er unendliche Qualen
für jeden Missbrauch,
für jede Gemeinheit,
für jedes böse Wort,
für jeden Schmerz,
für jede Verwundung.

Er gab sein Leben für alle, die leiden
und für alle, die sich mit Schuldvorwürfen plagen,
um sie zu verstehen,
um ihnen zu vergeben,
um sie heil zu machen.

Er ließ sich mit Peitschenhieben schlagen,
um selbst den ganzen Schmerz zu fühlen.

Er erlitt Verrat von einem seiner engsten Mitarbeiter,
und der mit ihm sterben wollte,
fluchte, ihn nicht zu kennen.

Nicht die furchtbaren Nägel hielten ihn am Kreuz fest,
sondern unendliche Liebe für mich.

Herr, auch für mich hingst du dort,
um mich in diesem Tal, durch das ich gehe,
verstehen zu können.

Herr, ich staune über solche Liebe!

Ich habe es überstanden!

Ja, ich spüre, es geht aufwärts!
Zunächst habe ich es selbst nicht bemerkt.
Aber dann sagte meine Nachbarin:
Wie schön, sie wieder lächeln zu sehen.

Ich habe gelächelt und es nicht wahrgenommen.
Es war also nicht gespielt.

Ja, es stimmt! Ich bin heute morgen leichter aufgestanden.
Ich stand am Fenster und dachte: Heute scheint die Sonne.
Ich habe die Sonne wahrgenommen.

Ich sah auch die Wolken am Himmel ziehen und dachte,
die Sonne wird sie vertreiben.
Ich dachte etwas Positives!

Ja, die Sonne wird sie vertreiben.
Gott lässt die Wolken weiterziehen.
Ich kann wieder aufatmen.

Herr, ich habe die Sonne gesehen!
Jeden Morgen steht sie am Himmel.
Heute aber weiß ich, sie steht für mich da.
Danke, Herr!

Mit Grenzen leben lernen

Ich weiß es nicht.
Nein, ich bin mir nicht sicher,
ob diese Krankheit mich wieder überfallen wird.

Ich unterschätze nicht ihre Heimtücke.
Aber ich überschätze sie auch nicht.

Selbst wenn sie kommt, sie wird auch wieder weichen müssen.

Ich halte es fest in meiner Seele:
Auch nach dem nächsten Tal werde ich wieder die Sonne sehen.

Und selbst, wenn ich es wieder nicht fühle,
der gute Hirte wird mit mir gehen
und mich an die Hand nehmen.

Ich bin nicht verloren in der Nacht.
ER wird wieder darüber wachen,
dass ich den Weg herausfinden werde.
ER hat es auch dieses Mal mit mir geschafft.

Ich will ihm vertrauen.

Herr, an deiner Hand gehe ich weiter.
Du kennst den Weg.
Und du wirst alle weiteren Wege mit mir gehen.
Das ist genug.

Ich will vertrauen

Die Heimtücke der verletzten Seele

Der riesige Elefant im Zoo wird von einer vergleichsweise schwachen Kette gehalten. In deren Umkreis bewegt er sich. Schon als junger Elefant wurde er daran festgemacht. Seine Erfahrung zeigte ihm im Laufe der Wochen, dass die Kette stärker war als er. Schließlich gab er seine Versuche auf. Er wusste nicht, dass er diese Kette heute relativ leicht zerreißen könnte mit der Kraft, über die er jetzt verfügte. Er bleibt an der Kette, aus Erfahrung.

Menschen in der Depression haben die Sicht für ihre Kraft verloren. Sie starren auf altes Lernverhalten, verfangen sich in Erfahrungswerten, hängen fest an der Kette alter Gefühle, die eigentlich nicht oder nicht mehr relevant sind. Selbst wenn die Symptome von Verlust oder Verletzung durch gute Erfahrungen gemildert wurden, erinnert sich der seelische Bereich des Menschen bei neuen schmerzlichen Dingen an die frühere Verletzung. Er gerät in Krisenzeiten, ausgelöst durch Überforderung, Älterwerden, Arbeitslosigkeit, Verlust, Verletzung in einen Kreislauf von immer neuem Leid. In der Folge kommt Früheres in Erinnerung und multipliziert sich mit neuen Negativ-Erfahrungen. Dazu kommt die Angst vor dem neuen Schmerz, der schon erwartet wird, bevor er auftaucht.

Hier hinein spricht Jesus dieses Wort, das unendlich tröstlich ist. Er stellt fest:

In der Welt habt ihr Angst! Es wird so sein. Die Angst hat Weltcharakter. Sie ist allgegenwärtig. Sie wird euch begegnen.

Dann kommt das Aber. Und dieses Aber darf jeden Belasteten trösten: Aber seid getrost! Ich habe die Welt überwunden!
Mit diesem Aber sagt Jesus Christus: Auch ich werde da sein. Ihr müsst durch diese Angst nicht alleine durch.

Wenn das Licht ausgeht

Wenn ein System überlastet wird, schaltet es sich ab. Ein Mensch, der zu lange oder zu viele Lasten trägt, ohne Entlastung zu erfahren, dessen Inneres schaltet irgendwann ab. Es kann nicht mehr tragen. Es will nicht mehr fühlen. Es will nicht mehr verletzt werden. Da legt sich ein Schalter automatisch auf ,off'. Der Mensch selbst hat keinen Zugriff mehr zu dem Knopf. Und auch niemand sonst. Es ist, als würde der Körper noch funktionieren, aber in ihm wohnt kein Leben mehr. Das Licht ist ausgeschaltet, die Fensterläden geschlossen.

Wenn alles nur noch sinnlos scheint, wenn der Wille zum Leben gebrochen ist, ist kein selbständiges Denken mehr möglich. Es entstehen Ängste, die sich nicht wegschieben lassen. Zwar können sie vom Menschen selbst rational widerlegt werden, aber sie verschwinden trotzdem nicht.

Die Gründe können unterschiedlicher Art sein:

Erlebnisbedingte Depressionen können bei Verlust, Enttäuschung, Verletzung, Schuld auftreten. Man kann sie mit den drei Ks ,Krise, Kummer, Konflikt' zusammenfassen.

Es gibt auch Depressionen, die anlagebedingt sind, also durch Vererbung weitergegeben werden. Sie treten ohne erkennbaren Anlass auf. Manchmal werden sie durch bestimmte Lebensumstände ausgelöst.

Ebenso unterscheidet man die organisch bedingte Depression. Sie entsteht durch Stoffe, die dem Körper fehlen und die in der Folge zu Fehlschaltungen im Gehirn führen können.

Depressionen treten auch auf bei Menschen, die sich mit Dingen abgeben, die nicht gottgewollt sind. Bei ihnen kann die Depression Ausdruck einer Belastung sein.

Ein Arztbesuch klärt manches auf. Bei der Bestimmung der Blutwerte könnte sich z.B. ein starker Calciummangel zeigen, der Anlass zu depressiven Verstimmungen sein kann. Die Behebung solch einer Depression ist relativ einfach.

Der depressive Mensch baut stärker lebenswichtige Stoffe ab, die er bräuchte, um sich wohlzufühlen. Es fehlen buchstäblich Substanzen, die das Leben wieder erträglich machen. Hier können Medikamente Linderung bringen.

Aber auch eine Gesprächstherapie sollte folgen, um Altes neu ernst zu nehmen und zu sortieren. Meist gelingt es dem Betroffenen nicht, dies allein aufzuarbeiten. In der Therapie können neue Wege zur Bewältigung gefunden werden.

Bei einem seelsorgerlichen Menschen kann herausgefunden werden, ob Bindungen da sind, die gelöst werden sollen. Oder auch, ob Schuld vorhanden ist, die den Menschen peinigt. Welch befreiende Worte, wenn der Geplagte hört: Deine Sünden sind dir vergeben!

Im Gedankenkarussell

Nichts prägt uns mehr, hindert und fördert Taten, bestimmt unsere Stimmung als Gedanken, die wir zulassen und weiterdenken. Gedanken fragen nicht um die Erlaubnis, uns zu besuchen. Sie verhalten sich, als würden sie zu uns gehören. Doch sie sind nur das Ergebnis von Erlebnissen, von Gehörtem und Gefühlen. Auf eigenartige Weise mischt sie unser Gehirn zusammen.

Am Anfang einer Depression stehen viele Gedanken, die in uns Raum gewonnen haben und immer mehr Besitz von uns ergriffen. Es ist wichtig, den eigenen Gedanken auf die Spur zu kommen. Was wollen sie mir sagen? Wie gehen sie mit mir um? Es ist gut, über sie nachzudenken. Sie können mir z.B. zeigen, wenn ich jemanden verletzt habe. Dann habe ich die Möglichkeit, um Verzeihung zu bitten. Sie geben auch Impulse, wenn andere nicht auf meine Bedürfnisse achten. Da darf ich mich wehren lernen.

Wenn Gedanken peinigen, brauchen wir uns ihnen nicht blind ausliefern. Wir dürfen ihnen etwas entgegensetzen. In aller Klarheit dürfen wir zerstörerischen Gedanken entgegentreten und sagen: Ich will diese Gedanken nicht haben. Ich will sie nicht denken. Auch wenn sie mich bedrängen, darf ich wenigstens einen Teilsieg davontragen, indem ich mit der kleinen Kraft, die ich habe, dagegen kämpfe. Ich darf mich selbst wichtig nehmen, weil Gott mich wichtig nimmt. Er liebt mich, nicht nur meinen Nächsten. Für ihn bin ich wertvoll, auch wenn ich krank bin.

Meine Gedanken dürfen nicht nur denken, was sie denken wollen. Ich muss ihnen mehr sagen, was sie denken sollen!

Richtig helfen

Einem Menschen in Not hilft kein bloßer Appell! Wenn ich zu einem Hungernden sage: ‚Es wird schon wieder die Zeit kommen, in der du genug zu essen hast' wird ihn das wenig trösten. Wenn ich Brot habe, muss ich es teilen!

Ebenso ist es auch mit dem psychisch angeschlagenen Menschen. Der bloße Appell: ‚Du musst nur glauben, dann wird alles gut' ist zu wenig. Ich muss ihn ein Stück begleiten, ihm Mut zusprechen. Gute Worte können wie Balsam auf seine Seele wirken. Als Seelsorger darf ich dem Bedrückten zusagen, dass ich jetzt, wo er nicht beten kann, für ihn bete.

Dem Betroffenen hilft es nicht, seine Not klein zu reden. Er will ernst genommen werden. Oft genügt schon das Zuhören. Das ist so etwas Ähnliches, wie eine Klagemauer für ihn sein.

Doch der Helfer darf sich nicht überfordern. Er muss über die eigene Seele wachen. Denn wer nur ständig Not hört, kann in den Gleichklang des Jammernden kommen, wenn er sich lange genug darauf einstimmt. Dann gibt es zwei, die in der Grube sitzen.

Im Flugzeug heißt es bei Sicherheitshinweisen: ‚Setzen Sie sich zuerst die Atemmaske auf, bevor Sie sie Ihrem Kind oder einer anderen Person anziehen!' Wer für den anderen sorgt, muss auch für sich Sorge tragen und sich immer wieder die ‚Atemmaske' aufziehen. Mit Atemmaske meine ich: Den Atem

Gottes an und in mir wirken lassen im Gebet. Denn nicht ich kann letztlich dem Kranken helfen. Nur Gott kann das. Ich bin nur Werkzeug.

Lernen, wer ich für Gott bin

Der Absturz in eine Depression zeigt sich häufig in Lebenskrisen, in denen etwas verloren geht, mit dem man sich identifiziert hat. Etwas, das den eigenen Wert ausgemacht hat.

Der langjährige Ehepartner lässt einen im Stich wegen eines neuen Gegenübers. Das geliebte Kind wird erwachsen, geht völlig andere Wege als gehofft und erwartet – und distanziert sich. Der Chef, für den man jahrelang unbezahlte Überstunden machte, entlässt einen ohne Vorankündigung. Ein Schlaganfall zerstört die Schaffenskraft.

Hier stellt sich die Frage, was von mir übrig bleibt, wenn ich nichts mehr leisten kann oder wenn ich nicht mehr gebraucht werde. Wie viel ist mein Leben noch wert, wenn ich nichts mehr bringe, wenn ich abhängig werde von anderen?

Eine schwere Frage. Und noch schwerer, wenn man spürt, dass auch andere im Umfeld so über einen denken. Trotzdem ist unser Leben nicht wertvoll, weil wir etwas leisten. Gott liebt uns um unserer selbst willen. Wir sind kostbar, weil er sein Bild in uns legte! Er hat solch einen hohen Preis für uns bezahlt, dass er Jesus Christus für uns sandte, um uns für die Ewigkeit zu erlösen!

Manchmal hilft dem von schweren Gedanken Betroffenen der Umgang mit der Natur. Ein Bekannter von uns legte seiner halbseitig gelähmten Frau Hochbeete im Garten an. Mit dem Rollstuhl kann sie nun mit der einen gesunden Hand Unkraut jäten. Sie kann die Pflanzen wachsen sehen, sich an dem Salat und den Erdbeeren freuen.

Wir brauchen Betätigung als Bestätigung. Allerdings nur für uns selbst. Für Gott sind wir wertvoll, ganz ohne Leistung. Wir sind einfach geliebte Kinder!

Zweifel an Gott

Schwere Erfahrungen und Lebenskrisen können tiefe Verzweiflung auslösen. Da kommt Zweifel auf an Gottes Allmacht und an seiner Liebe: ‚Wo warst du, Gott, als es passierte?' Und auch: ‚Warum hast du es nicht verhindert, wo du doch alles vermagst? Warum hast du es überhaupt zugelassen? Bist du wirklich ein liebender Gott? Wie kann ich deine Liebe darin begreifen?'

Vielleicht ist das Schwerste, wenn wir Gott nicht mehr spüren. Wenn das Leid so groß ist, dass uns Zweifel befällt, ob es ihn überhaupt gibt oder er nur eine bloße Einbildung ist.

Im Leid wird Gott uns oft fremd. Die Erfahrung, dass er uns etwas wegnimmt, was uns kostbar war, gibt uns das Gefühl, er sei gegen uns. Leid suchen wir nicht. Es ereignet sich trotzdem. Eigenartig, dass wir Heimsuchung sagen, wenn jemand Schweres geschieht.

Der eine findet in der Krise näher zu Gott, weil er ohne ihn gar nicht überleben kann. Einem anderen wird Gott so fremd, dass er nicht mehr beten kann. Wohl dem Menschen, der dann einen Freund hat, der für ihn betet.

‚Dann werdet ihr mich nichts mehr fragen', sagt Jesus Christus vor seinem Tod am Kreuz zu seinen Jüngern und weist damit auf den Himmel hin. Es wird also nicht alles auf der Erde beantwortet werden. Manches muss bis später warten.

Das ist das eigentlich Schwere: Dem Unbegreiflichen zum Trotz vertrauen. Basilea Schlink prägte das Gebet: ‚Vater, ich verstehe dich nicht, aber ich vertraue dir.' Hier ist eine Hoffnung, die über Leid und Tod hinausgeht, ein sich in Gottes Hände werfen: Ich glaube, Herr, hilf meinem Unglauben.

Sich selbst vergeben?

Fehlentscheidungen im Leben, egal unter welchen Umständen getroffen, bewirken manchmal lebenslange Blockaden in der Seele. Die Seele will sich quasi davor schützen, je wieder einen solchen Fehler zu machen. Sie legt sich fest, indem sie sich selbst bestraft mit tief sitzender Depression. Der Schutz, den sie aufbaut, wird zur Falle. Sie entschließt sich, sich nicht mehr zu freuen. Dies führt zur Lebensverneinung. Der Fehler mit den damit verbundenen Negativfolgen kann in lebenslange Selbstbestrafung ausufern. Suizidgedanken bieten sich wie ein Ausweg an: Endlich nicht mehr spüren müssen, woran man schuldig geworden ist.

Der Mensch wird zur Plage für sich selbst und seine Umgebung. Er verbreitet Negatives, ist schlecht gelaunt, dreht sich in seiner Verzweiflung ständig um sich selbst. Er verachtet sich, beschuldigt sich, bestraft sich ...

Seine Seele gibt das Signal: ‚Es ist gut, dass du das so machst. Auf diese Weise tust du das auch nie wieder!' Aber eigentlich ist dieser Appell fehl am Platz. Er hält den Verzweifelten nur fest wie im Netz der Spinne: ‚Du bist mein Opfer und du bleibst mein Opfer!'

In 1. Johannes 3,20 sagt uns Gottes Wort: ‚Sogar wenn unser Herz uns verdammt, ist Gott größer als unser Herz.' Von Gott her kommt die Botschaft: ‚Ich bin größer als deine Selbstbeschuldigung. Mein Wort der Vergebung ist stärker als deine Gefühle!'

Wenn Gott mich nicht verdammt, darf auch ich es nicht tun.

Der Weg aus der Falle besteht darin, dass ich mich entschließe, auch gegen meine Gefühle, Gott mehr Glauben zu schenken als mir selbst. Und das immer wieder. Es muss ein Dialog zwischen mir und meinen Gefühlen geben, in dem ich ihnen immer wieder den Weg weise, den Gott mir aus Liebe gezeigt hat.

Literaturtipps:

John Ortberg und Siang-Yang Tan
Was die Seele befreit
Wege aus der Depression
Gerth Medien

Sue Atkinson
Der Morgen wird kommen
Schritte aus der Depression
Brunnen Verlag

Heino Welscher
Depression - ich sehne mich nach Licht
Audio-MC
ERF-Verlag

Weiterführende Adressen:

BTS Fachgesellschaft
für Psychologie und Seelsorge gGmbH
Lauterbadstr. 74
72250 Freudenstadt
Tel.: 07441/ 869931
www.bts-ips.de

DE'IGNIS-Institut gGmbH
für Psychotherapie und christlichen Glauben
Markgrafenweg 17
72213 Altensteig
Tel.: 07453/ 9494-0
www.deignis.de

Ruth Heil wurde 1947 geboren. Neben ihrer Arbeit in der Eheseelsorge hält sie Seminare und Vorträge. Sie arbeitet bei verschiedenen Zeitschriften mit und ist Autorin zahlreicher Bücher. Mit Ihrem Mann und elf Kindern wohnt sie in der Pfalz.